BIBLIOTHÈQUE

DE

L'INSTITUTION

NOTRE-DAME DES VICTOIRES

A ROUBAIX

LILLE
LIBRAIRIE DE L. QUARRÉ, GRAND'PLACE, 64.

BIBLIOTHÈQUE

DE

L'INSTITUTION

NOTRE-DAME DES VICTOIRES

A ROUBAIX

LILLE

LIBRAIRIE DE L. QUARRÉ, GRAND'PLACE, 64

1872

BIBLIOTHÈQUE

1er RAYON.

Nos

1-35   Histoire de l'Église (Fleury).
36-44   Le spectacle de la nature.
45-48   Réponses à des incrédules sur l'Écriture sainte (Bullet).
49-52   Révolutions d'Angleterre (P. d'Orléans).
53-57   Principes de littérature (Le Batteux).
58-73   Histoire romaine (Constantin).
74-76   Révolutions romaines (Vertot).
77-78   Caractères de Théophraste (La Bruyère).
79-83   Vies des justes (Caron).
84-86   L'école des mœurs (Blanchard).
87-88   Vie chrétienne (P. Colonne).
89   Vie de Fénelon (F. J. L.).
90   Modèles de perfection.
91   Histoire de la religion avant Jésus-Christ (Lhomond).
92-93   Morceaux choisis des lettres des Missionnaires
94-97   Traité des études (Rollin).
98   Velleius Paterculus [traduit] (Paul).
99   Instructions de Toul (Humbert).
100-101   Histoire romaine.
102-105   Méditations sur la vie de N.-S. (P. Hagneuve).
106   Observations sur Fontenelle (Feller).
107   Histoire dogmatique du Saint-Siége (Sommier).
108   Térence [traduit] (Dacier).
109   Choix de petits drames (Poitevin).
110   Vie de Mgr de La Motte (Proyart).
111   Mœurs des Israélites (Fleury).
112   Histoires édifiantes (Baudrand).
113   Mentor des enfants (Reyre).
114   Conquête du Pérou (Lebrun).

Nos

115-116 Manuel pour le brevet de capacité.
117 Rhétorique (Drioux).
118-129 Le voyageur moderne (Le Bon).
130-131 Dialogues moraux (Thouarcé).

2me RAYON.

132 Lettres spirituelles (Lafitau).
133 Amie des jeunes personnes (Le Bassu).
134 Retraite spirituelle (Le Bassu).
135-137 Méditations.
140-141 Discours sur l'histoire de l'Église (Fleury).
142-144 Sermons (Cambacérès).
145 Considérations chrétiennes (Crasset).
146-147 Histoire de Charles XII (Voltaire).
148 Fablier du deuxième âge.
149 Manuel mythologique.
150-151 Préceptes pour l'éducation (Blanchard).
152 Instructions sur l'histoire (Le Ragois).
153 Latinæ grammatices etymologiæ (Verepæus).
154 Dictionnaire de l'antiquité (Bouillet).
155 Concordance des Évangélistes (Dutour).
156 Manuel des cérémonies romaines.
157-158 Sermons (P. Giroust).
159-163 Catéchisme historique (Charency).
164-165 Lettres de quelques Juifs (l'abbé Guénée).
166-168 Éléments de l'histoire de France (Millot).
169-170 Manuel de l'apologiste (P. Boone).
171 Rituel d'Arras.
172-175 Vie de Notre-Seigneur Jésus-Christ (P. de Ligny).
176-179 Méditations (Dupont).
180-181 La Bruyère des jeunes gens (Lemaître).
182 Doctrine chrétienne (Lhomond).

Nos

183-184	Spectacle de la nature (Rendu).
185	Traité des superstitions (Thiers).
186	Traité des devoirs du chrétien (F. P. B.).
187-188 bis.	Virgile (Ruœus).
189	Canons du Concile de Trente, traduits (Chanut).
190	Livre de lectures (Braun).
191-198	Instructions familières.
199	Lois civiles concernant le mariage (Rupert).
200-204	Égarements de la raison (Blanchard).
205	Lusiades (Camoens).
206	Douze vertus d'un bon maître (Fr. Agathon).
207	Bon confesseur (Saint Liguori).
208	Salve Regina (Saint Liguori).
209	Fiancés (Manzoni).
210	Extraits de Buffon.
211	Concile de Trente (Catéchisme).
212	Manuel des jeunes professeurs.
213	Pratique de l'amour de N.-S. (Saint Liguori).
214-215	Révolutions de Suède (Vertot).
216	Ange gardien des jeunes garçons.
217	Doctrine de l'Église catholique (Bossuet).
218	La religion, base de l'éducation (P. Dusaut).
219	Dialogues des morts (Fontenelle).
220	Arthur de Bretagne (Latener).
221	Pieuses vacances (Th. B.).
222	Dictionnaire de la Fable (Chompré).
223	Henri de Eichefelde (Smith).
224	Arithmétique par Fontanille.
225	Manuel du Séminariste.
226	Livre de l'Enfance chrétienne (De Flavigny).
227	Révolutions de Portugal (Vertot).
228	La valle delle Gigli [Thomas à Kempis] (Cesarini).
229	Aventures de Télémaque (Fénélon).

Nos

230	Heures des Congréganistes.
231	Souvenirs de Saint-Acheul.
232-233	Le coin du feu.
234	Abrégé d'instruction chrétienne (Marotte).
235	Épigrammes (Marot).
236	Marie (P. Pillot).
237	De la divine Providence.
238	Du grand moyen de la Prière (saint Liguori).
239	Mois de Marie des Séminaires.
240	Mois de Marie (P. Bize).
241	Règles pour réformer le caractère (Perrodin).
242-243	Les écoliers vertueux (Carion).
244-245	Gloires de Marie (saint Liguori).
246	Traité de la perfection intérieure (P. Lombez).
247	Guide du jeune communiant (Bataille).
248	Retraite des Dames (Guillois).
249	Connaissance et amour de N. S. J.-C. (De Genoude).
250	Litanies de N.-D. de Lorette (Martin).
251-252	Dévotion aux neuf chœurs des anges (Boudon).
253-254	Dévotion réconciliée avec l'esprit (Pompignan).
255	Memoriale vitæ sacerdotalis (Arvisenet).
256	Litanies du saint Nom de Jésus (P. Caillau).
257	Directeur des âmes dévotes (saint François-de-Sales).
258	Dévotion au Sacré-Cœur de Jésus.
259	Exercices religieux.
260	Vie de Jean Berckmans.
261	Volonté de Dieu (Arvisenet).
262	Association de l'amour divin.
263	Canones et decreta Concilii Tridentini.
264	Catechismus Concilii Tridentini.
265	Vie de Louis XVII (Prévault).
266	Lettres chrétiennes.
267	Le Livre-Rouge.

Nos
268 Senèque, opera omnia.
269-272 Annuaire du bureau des longitudes, 1857-58; 1865-66.
273-275 Plaidoyers religieux.
276 Histoire des Croisades (Francisque Michel).
277-278 Théâtre de l'enfance (Lafaye-Bréhier).
279 Fables de Lafontaine (Coste).
280-285 Voyages d'Anacharsis (Barthélémy).

3e RAYON.

286-291 Vie de saint Vincent-de-Paul (Abelly).
292 Vie de Voltaire (Condorcet).
293-296 Recherche de la vérité (Mallebranche).
297 De ecclesiâ (Delahogue).
298 De verâ religione (Delahogue).
299 Esprit du Christianisme (Nepveu).
300-301 Vie de Mgr de la Salle (Garrau).
302 Méthode de lecture (Gachet).
303-306 Vies des Saints de Cambrai et d'Arras (Destombes).
307 De l'existence de Dieu (Fénelon).
308 OEuvres philosophiques de Fénelon (Barbe).
309 Les nattes (L. Veuillot).
310 Eoliennes (Lhéry).
311 Vie de la marquise de Larochejacquelin (Nettement).
312-314 Histoire de Pie IX (de Bussy).
315 Institutiones philosophicæ (Bouvier).
316-317 Examen raisonné.
318-320 La perfection chrétienne (Rodriguez).
321-322 La doctrine chrétienne (Bougeaud).
323-336 Vies des Pères et des Martyrs (Godescart).
337-342 Institutiones theologicæ (Bouvier).
343 Mathématiques (Coince).
344 Biographie des prêtres du diocèse de Cambrai (Capelle).

Nos

345-346 Pélerinages de Jérusalem (De Géramb).
347 Drames.
348-363 OEuvres complètes (Bourdaloue).
364-366 Conférences (Frayssinous).
367-370 Histoire de Fénelon (Baussel).
371-373 Essai sur l'éloquence de la chaire (Maury).
374-380 Théologie (Collet).
381 Code civil français.
382-383 Explication des épîtres de saint Paul (Picquigny).
384-387 Livre de la nature (Desdouits).
388 Vie de N. S. J.-C. (concordante).
389 La Xavériade (Simon Francq).
390 Légendes sur l'histoire de France (Plancy).
391-400 Histoire de la littérature, 20 volumes (Henry).
401 Vie de deux capitaines français (Mazas).
402-405 OEuvres complètes (de Maistre).
406 Persécutions religieuses en Angleterre (Destombes).
406 bis La voix de l'exil (Louis Tosh).

4me RAYON.

407-408 Histoire romaine (Dumont).
409-410 Hygiène (Barbier).
411-412 Thèmes grecs (Longueville).
413 Traditions de Palestine (Hlle Martineau).
414-418 Médecine domestique (Buchan).
419 Conférences (Beurier).
420 Archéologie chrétienne (Bourassé).
421-424 Histoire de Roubaix (Leuridan).
425 Le cuisinier royal (Carême).
426-429 Méditations (Dupont).
430 Éléments de philosophie catholique (Combalot).
431 Statuts du diocèse de Cambrai.

Nos

432	Histoire de Saint-Amand (Destombes).
433	SS. Rituum Congregationis decreta.
434	Le château périlleux (W. Scott).
435	Dictionnaire des antiquités romaines (Rich).
436	Instruction chrétienne (Marotte).
437	L'Immaculée Conception (D. Guéranger).
438-445	Choix de lettres édifiantes.
446	Souvenirs de Carthage (Bourgade).
447	Directorium asceticum (Scamarelli).
448	Clef du Coran (Bourgade).
449	Passage du Coran à l'Évangile (Bourgade).
450	Précis d'instruction religieuse (Fournet).
451	Mémoires sur la vie de Levavasseur (Cuvelier).
452	Herméneutique sacrée (Jansens).
453-454	Theologia moralis (Gothier).
455	Miroir du clergé.
456	Rome devant l'Europe (Sauzet).
457-458	Catéchisme du Concile de Trente (Doney).
458 bis.	Conférences de Lacordaire.
459	Conférences de Cambrai (1857).
460	De l'éducation (Dupanloup).
461	Traité de prédication (M. Hamon).
462	Souvenirs sur les quatre derniers papes (Wiseman).
463	Génie du Christianisme (Châteaubriand).
464-473	Bible de Carrières et de Ménochius.
474-504	Œuvres complètes (Bossuet).
505-508	Explication du catéchisme (Guillois).
509-518	Histoire de l'Église (Receveur).

5me RAYON.

519-538	Vies des Saints (Godescart).
539-546	Évangile médité (Giraudeau).

Nos

547-548 Abrégé de la perfection chrétienne (Tricalet).
549 Bibliothèque de la jeunesse (Valmont).
550-551 Origine des Dieux (Pereyre).
552 et bis Manuel des cérémonies romaines.
553 Bienséances sociales (Champeau).
554 Surveillant dans un collége catholique (de Damas).
555 Traité des indulgences (Bouvier).
556 Direction pour la conscience d'un jeune homme (Herbet).
557-560 Méditations pour le clergé (Scotti).
561 Première Communion (deux prêtres).
562-563 Dictionnaire philosophique de la religion (Menotte).
564 Notions élémentaires de mécanique (Georges).
565 Mois de Marie (Jelowicki).
566 Droit d'aînesse (Mme Bourdon).
567-570 Études philosophiques (Nicolas).
571-585 OEuvres complètes (Massillon).
586-590 Prônes (Billot).
591-602 Scutum fidei (Boppert).
603-606 Instruction des prêtres (Molina).
607-642 Bibliothèque choisie des Pères de l'Église (Guillon).
643-645 Histoire de la philosophie (id.)

6me RAYON.

646-668 OEuvres complètes (S. Liguori).
669-676 Thesaurus Patrum.
677-684 Opera Origines et Africanus.
684-690 Opera Eusebius Pamphylius.
691-715 Opera S. Joannes Chrysostomus.
716-758 Opera S. Augustinus.

7ᵉ RAYON.

Nᵒˢ

759	Opera S. Cyprianus.
760-763	Opera SS. Patres apostolici.
764-765	Opera S. Méthodus et Lactantius.
766-767	Opera Tertullianus.
768	Opera Patres 3ᵉ et 4ᵉ seculi.
769-773	Opera S. Basilius et Zeno Veronensis.
774	Opera S. Cœsarius et S. Didymus.
775	Opera S. Optatus et S. Cyrillus.
776	Opera S. Macarius et Philastrius.
777-780	Opera S. Hilarius et Lucifer.
781-788	Opera S. Ephrem.
789-792	Opera S. Athanasius et Victorinus.
793-797	Opera S. Gregorius Nazianzenus.
798-807	Opera S. Ambrosius.
808-813	Cours de littérature (Dassance).
814	Satires de Perse et d'Horace traduites (Raoul).
815	Guide des pécheurs (Grenade).
816-819	Dictionnaire théologique (Bergier).
820	Le règne de Dieu sur les empires (Leroy).
821	Charades (Wik-Potel).
822	Rome et la Judée (Champagny).
823-829	Somme théologique (S. Thomas).
830-836	Œuvres complètes (Mgr Giraud).
838-852	Œuvres complètes (S. François de Sales).
853-855	Connaissance et amour de N. S. J.-C. (Saint-Jure).

8ᵉ RAYON.

856-866	Commentaires sur l'Écriture sainte (A. Lapide).
867	Catéchismes (Migne).
868-870	Le Père Lejeune (Migne).

Nos

871 Anecdotes chrétiennes (Migne).
872 Passions (Migne).
873-910 Encyclopédie du XIXe siècle.
911-914 Biographie universelle (Feller).
915-922 Histoire de l'Église (Receveur).
923-926 Histoire de l'empire romain (Laurentie).
927-934 Semaine religieuse de Cambrai.
935 Cours de Physique (Pinaud).
936 Don Quichotte (Cervantès).
937-939 Dictionnaire de l'Académie, 1786, 3 volumes.
940 Histoire de la Compagnie de Jésus (Crétineau-Joly).

9me RAYON.

941-955 Annales de la Sainte-Enfance.
956-973 Annales de la Propagation de la foi.
974-976 Précis de la doctrine chrétienne (Bertrand).
977-980 Commentaires sur les Évangiles (Liénard).
981-984 Histoire de France (Mazas).
985 Grammaire des grammaires (Giraut-Duvivier).
986 Grammaire comparée (Gouriaud).
987 Théâtre des jeunes étudiants (Geoffroy).
988-989 Protestantisme comparé (Balmès).
990 Histoire de la littérature latine (Duruy).
991 Id. id. id. (Drioux).
992 Id. id. française (Demogeot).
993 Choix de compositions littéraires (Verniolles).
994 Histoire de la littérature grecque (Drioux).
995 Id. id. id. (Duruy).
996 Manuel de pédagogie (Braun).
997 Miroir des colléges (Masson).
998-1000 Mathématiques (Guilmin).
1001 Géométrie (Legendre).

Nos

1002 Manuel du baccalauréat ès-sciences.
1003 Institutiones philosophicæ (Doney).
1004 Écho des feuilletons.
1005 Ami des enfants (Berquin).
1005 bis à 1007 Manuel général de l'instruction prim. (Barrau).
1007 bis Apôtre des chaumières.
1008-1009 bis Magasin de l'enfance chrétienne.
1010 Souveraineté temporelle du pape (Pavy).
1011 Massacre des Innocents (Marini).
1012 Récréations dramatiques (Carion).
1013 Collége chrétien (De Malan).
1014 Tradition des églises de Cambrai et d'Arras (Destombes.
1015 et bis Histoire de France en 1814 (Poujoulat).
1016 Manuel général du commerce (Morel).
1017 Charpentier de Saardam (Lorie).
1018 Le pape et le Congrès (Dupanloup).
1019 Supplément à l'art de lire à haute voix (Dubroca).
1020 Physique chrétienne (Debordes).
1021 Jérusalem délivrée (Le Tasse).
1022 Magasin catholique illustré (novembre 1851).
1023 La France, Rome et l'Italie (La Guéronnière).
1024 Problèmes d'arithmétique.
1025 Atala, René, dernier des Abencérages (Châteaubriand).
1026 Ancien Testament.
1027 Ma croisade (Bouniol).
1028 Explications des mœurs romaines (Nieupoort).
1029 Mécanique appliquée (Sonnet).
1030 Douloureuse passion de N.-S. J.-C. (Emmerich).
1031 Jeanne d'Arc (Dupanloup).
1032 et bis-1034 Chimie, 4 volumes (Regnault).
1035 Nouvelles fables (De Ségur).
1036 Retraite ecclésiastique (Nepveu).

Nos	
1037	Livre des élus (S. Jure).
1038	Docteurs du jour devant la famille (Brucker).
1039	Programme de l'enseignement secondaire (Officiel).
1040	Supplément au traité d'arithmétique (Eysséric).
1041	Arithmétique théorique et pratique (Guilmin).
1042	Ami des adolescents (Berquin).
1043-1044	Génie du Christianisme (Chateaubriand).
1045	Petite botanique (Meissas).
1046	Oraisons funèbres (Bossuet).
1047	La famille du déporté (Léon Guérin).
1048	Voyages du jeune Edmond.
1049	Hygiène (Bourdon).
1050	Vauvenargues de la jeunesse (Martin).
1051-1080	Histoire ancienne (Rollin).
1081	Un dernier jour de vacances (Angel).
1082	Nouveau répertoire du gymnase des enfants (Chol, etc).
1083-1091	Œuvres spirituelles, 14 volumes (Baudrand).
1092	Écolier chrétien (Collet).
1093	Tenue des livres pratique (Hocquart).
1094	Fables latines (Paul).
1095	Catéchisme de controverse (Scheffmacker).
1096	Manuel religieux (Fontenailles).
1097	Introduction à la vie intérieure.
1098	Dialogue spirituel.
1099	Le jeune communiant.
1100	Lettres sur l'histoire de France (Roux-Ferrand).
1101	Miroir des jeunes chrétiens (Gobinet).
1102	Mois de Marie (Goude).
1103-1105	Année du pieux fidèle (Coulin).
1105 bis	S. Jean-Baptiste (Coulin).
1106-1107	Traité des mystères (Collet).
1108-1109	Poésie sacrée (Sicard).
1110	Directeur dans les voies du salut (Pinamonti).

Nos	
1111	Flammes de l'amour de Jésus (Pinard).
1112-1114	Histoire de France (Duruy).
1115	Vie et doctrine de J.-C. (Avancin).
1116-1117 bis	Méditations (Champeau).
1118	Géométrie élémentaire (Guilmin).
1119	Nouveau Testament (de Sacy).
1120-1131	Ordo divini officii.
1132	Pasteur de Marmoutier (Gérard).
1133	Consécration d'un Évêque.
1134	Histoire de Bertrand Duguesclin (Berville).
1135	Mythologie des commençants (Le Tellier).
1136	Beautés de l'histoire du Mexique (Dillon).
1137	Histoire de France (Raffy).
1138 et bis	De l'éducation des enfants (Locke).
1139	Règne des vrais principes.
1140	Manuel des indulgences (Giraut).
1141-1143	Les savants de collége (Baudenom).
1144	Robinson Crusoé (Foë).
1145	Conseils aux enfants.
1146	Il Giorno di Guiseppe (Parini).
1147	Sa charité aux enfants (Mullois).
1148	Amour de l'Église (Petit).
1149	Cérémonies de l'ordination (D.).
1150	La cloche de la chapelle (Gérard).
1151	Manuel d'examen des écoles primaires (Jullien).
1152	Florian du j. naturaliste (Baron).
1153	Le frère et la sœur.
1154	Archiconfrérie du Sacré-Cœur de Marie (M. Sinsoill.).
1155	Diégo Ramire (Doublet).
1156	Ernestine, Nelly, Caroline et Juliette.
1157	Instructions sur l'histoire de France (Le Tellier).
1158	Manuel de chants religieux.
1159	L'éducation de l'homme (Martinet).

Nos

1160	Fiancés (Manzoni).
1161-1162	Paradis perdu (Milton).
1163	Le prêtre à l'autel (Chaignon).
1164	Le fond de Giboyer (L. Veuillot).
1165-1176	Le Correspondant.
1177-1179	Méditations (Chevassu).
1180	Missel romain.

11me RAYON.

1181	Gymnastique (Lenoel).
1182	Histoire de la Grèce, trad. de Sarliat (Hérodote).
1183	Thèmes grecs, 1re partie (Longueville).
1184	Statuts de Cambrai (1842).
1185	Un regard sur le protestantime (Séné).
1186	Iliade d'Homère, 1er vol., trad. (Bitaubé).
1187	Id. 2e vol., id.
1188	Id. 3e vol., id.
1188 bis	Odyssée d'Homère, trad. 1er vol. (Bitaubé).
1189	Id. id. 2e vol. id.
1190	Id. id. 3e vol. id.
1191	Iliade d'Homère, trad. 1er vol. (Bitaubé).
1192	Id. id. 2e vol. id.
1193	Chants 1-4 de l'Odyssée, trad. (Sommer).
1194	Clef d'Homère, Iliade (Pierron).
1194 bis	Id. Odyssée (Pierron).
1195	Chants 1-4 de l'Odyssée. trad. (Sommer).
1196	Iliade, 9e chant, trad. (Leprévost).
1197	Chants 9-12 de l'Odyssée, trad. (Sommer).
1198	Vie de César par Plutarque, trad. (Belèze).
1199	Thèmes grecs, 1re partie (Longueville).
1200	Vie de Cicéron par Plutarque, trad. (Sommer).
1201	De la lecture des poètes par Plutarque (Aubert).

Nos	
1202	Criton, par Platon, trad. (Wadington).
1203	Iliade, chant 1er (Homère).
1204	Cyropédie de Xénophon, 1er livre, trad. (Lerhs).
1205	Morceaux choisis d'Elien (Leroy).
1206	Cyropédie de Xénophon, livre 5e, latin (Lécluse).
1207	» » » latin (Lécluse).
1208	» » livre 2, trad. (Sommer).
1209	» » livre 1, trad. (Lerhs).
1210	De la lecture des auteurs profanes, par S. Basile (Sommer).
1211	Discours des pères grecs, C. Dubner, corr. (Groisy).
1212	Grammaire grecque (Congnet).
1313	Thèmes grecs de Chardin, corrigés.
1214	Morceaux choisis de Sophocle, trad. (Lécluse).
1215	Homélie sur Eutrope, S. Jean-Chrysostôme.
1216	L'enfant religieux (Resbecq).
1217-1221	Œuvres complètes de Tite-Live, trad. 6 vol.
1222	Exercices de mémoire et de style (Belèze).
1223	Livre de lecture courante (Belèze).
1224	Vie d'Agricola, corrigé (Tacite).
1225	Abrégé du catéchisme de persévérance (Gaume).
1226	Fables de Florian.
1227	Trésor de l'enfance (Gachet).
1228	Paraboles de Giraudeau.
1229	Histoire de France (Mme de Saint-Ouen).
1230	Mois de Marie (Debussi).
1231	Dictionnaire français-grec.
1232	Grammaire grecque (Congnet).
1233	Racines grecques (Moreau).
1234	Grammaire grecque (Dubner).
1235	Mythologie (Le Tellier).
1236	Grammaire grecque (Burnouf).
1237	Thèmes latins corrigés (Dantal).

Nos	
1238	Grammaire latine et grecque (Chabert).
1239	Thèmes grecs, 1re partie (Longueville).
1240	Cyropédie de Xénophon, 1er livre, texte (Gail).
1241	Actes des martyrs, tome 1er (Gaume).
1242	Extraits d'auteurs grecs (Andrezel).
1243	Ovide, Métamorphoses, trad.
1244	Cyropédie de Xénophon, 1er livre, trad. (Lerhs).
1245	Xénophon, Entretiens mémorables, trad. (Sommer).
1246	Sophocle, OEdipe roi, trad. (Croizet).
1247	Racines grecques.
1248	Racines grecques (Bonnevialle).
1249	Thèmes grecs de Maunoury, corrigés, 3 exemplaires.
1250	Racines grecques (Gail).
1251	OEuvres d'Homère, grec-latin.
1252	Plutarque, Vie de César, trad. (Materne).
1253	Grammaire grecque (Burnouf).
1254	Actes des apôtres, texte grec.
1255	Boileau.
1256	Almanach du commerce (1864).
1257	Histoire sainte (Ansart).
1258	Ornements de la mémoire (Sainte-Union).
1259	Géographie, id.
1260	Paroisse de Futeau.
1261	Apostolat de la prière (Ramière).
1262	Analyse grammaticale (Julien).
1263	Cérémonial romain (Favrel).
1264	Histoire romaine.
1265	Histoire sainte.
1266	Géographie (Drioux).
1267	Selecta è scriptoribus latinis.
1268	Style épistolaire (Malgras).
1269	Cyropédie, livre 5e [latin] (Lécluse).
1270	Lafontaine des enfants.

Nos

1271 Conciones de Tacite, trad. (Boutmy).
1272 Conciones de Salluste, trad. id.
1273 Conciones de Tite-Live, trad. id.
1274 Narrations latines.
1275 Thèmes latins corrigés.
1276 Synonymes, 1er vol. (Girard).
1277 Id. 2e vol. id.
1278-1279 Commentaires de César, guerre des Gaules (Sommer).
1280 Commentaires de César, 1er vol. trad. (Dewailly).
1281 Id. id. 2e vol. trad. id.
1282 Guerre des Gaules, de César.
1283 Pensées de Cicéron, trad. [2 ex.] (D'Olivet).
1284-1285 Selectæ, traduit (Barett).
1286 Thèmes latins de Dantal, 2e partie (corrigés).
1287-1288 Historiæ de Tite-Live, trad. (P.)
1289 Cours de seconde (Dubois).
1290 OEuvres de Virgile, 1 volume (Sommer).
1291 Cicéron, 4 catilinaires (Thibaud).
1292 Id. lettres familières.
1293-1294 Virgile, œuvres, trad. (Binet).
1295 Virgile.
1296 Cicéron, Pro Milone.
1297 Juvénal, satires, trad. (Raoul).
1298 Cicéron, De signis.
1299 Epitome historiæ sacræ (Vervost).
1300 Inverrem de suppliciis, trad.
1301 Histoire du moyen-âge (Chantrel).
1302 Choix de Pères latins [6e] (Dubner).
1303 Recueil de compositions (Dubois).
1304 Bible de l'enfance (Noirlieu).
1305 Manuel de la traduction (Verriolles).
1306 Cours de quatrième (Dubois).
1307 Thèmes de Boinvilliers.

Nos	
1308	Martyrologe, liste des saints.
1309	Breviarium Romanum Verna (1709).
1310	Id. id. Hiemalis.
1311	Dictionnaire latin-français (Noël).
1312	Grammaire latine (Burnouf).
1313	Thèmes latins (Geoffroy).
1314	Synonymes latins (Gardin-Dumesnil).
1315	Selectæ narrationes (Chassang).
1316-1317	Versification latine (Quicherat).
1318	Grammaire latine (Burnouf).
1319	Racines latines (Larousse).
1320	Plutarque, vie d'Alexandre.
1321 et bis	Appolineum opus (Boinvilliers).
1322	Narrationes (Dumonchel).
1323	Thèmes latins (Thébaud).
1324	De amicitia, traduit (Cicéron).
1325	Tusculanes de Cicéron, trad. (Leclerc).
1326	Reges judaïci (Vervost).
1327	Orationes ex Sallustio et aliis.
1328	Comptabilité (Wick-Potel).
1329	Trigonométrie (Guilmin).
1330 et bis	Solution de tenue des livres (Goujon).
1331	Rome et le vicaire Savoyard (Crétineau-Joly).
1332-1337	Virgile, œuvres (Sommer).
1338	Manuel du baccalauréat ès-sciences (Langlebert).
1339	OEuvres de Justin, trad.
1340	Physique (Baume).
1341	Mathématiques (Pinaut).
1342	Histoire grecque (Dauban).
1343	Arithmétique (Eysséric).
1344	Id. (Guilmin).
1345	Algèbre (Eysséric).
1346	Tenue des livres (Marmet).

Nos

1347	Astronomie (J. Roy).
1348	Phèdre, fables (Paul).
1349	Arithmétique (Desdouits).
1350	Science enseignée par les jeux.
1351 et bis	Manuel de gymnastique (Boret).
1352	Jugements littéraires (Régnier).
1353	Analyse littéraire (Mazure).
1354	Critique littéraire (Drioux).
1354 bis	Id. livre du maître (Drioux).
1355	Littérature (Lefranc).
1356	Géographie préparatoire (Périgot).
1357	Géographie 1re année id.
1358	Art poétique (Horace).
1359	Antigone (Sophocle).
1360	Lectures variées (Maigne).
1361	Traité de la vieillesse (Cicéron).
1362	De viris corrigé (Lhomond).
1363	Histoire ancienne (Dauban).
1364	Grammaire française (Lhomond).
1365	Pro Archià, traduit.
1366	Littérature (Tapon).
1367	Poétique (Verniolles).
1368	Rhétorique id.
1369	Chimie (B. de Monvel).
1369 bis-1370	Histoire de France [4] (Chevalier).
1371	Dictionnaire géographique
1372-1373	Histoire romaine (Ségur).
1374	Histoire générale (Drioux).
1375	Histoire romaine (Drioux).
1376	Géographie (Cortambert).
1377	Id. (Ansart).
1378	Histoire romaine (Lefranc).
1379	Histoire ancienne (Drioux).

N°s	
1380	Histoire de France (Belèze).
1381	Pensées de Pascal.
1382	Fables de Lafontaine.
1383	Mythologie élémentaire (Frémont).
1384	Arithmétique (F.-P.-B.)
1385	Morale en action.
1386	Récits moraux (Rendu).
1387	Histoire de France (Duruy).
1388	Analyse logique (Bonneau).
1389	Géographie (F.-P.-B.)
1390	Baccalauréat ès sciences (Sonnet).
1391	Pensées d'Humbert (Mullois).
1392-1395	Solution des grands problèmes 1er vol. (Martinot).
1396	Rapport entre la science et la révélation (Wisseman).
1397	Exercices orthographiques (F.-P.-B.)
1398	Histoire ancienne (Drioux).
1399	Histoire du moyen âge (Drioux).
1400	Géographie (Ansart).
1401	A B C musical (Panseron).
1402	L'Empire du nom (Wick-Potel).
1403	Le fablier chrétien (Layet).
1404	Morale pratique (Barrau)
1405	Devoirs du chrétien (Delasalle).
1406	Histoire moderne (Drioux).
1407	Littérature française (Sandras).
1408-1410	École des mœurs (Blanchart).
1411-1417	Théologie (Collet).
1418-1420	École des mœurs (Blanchart)
1421	Coutume des anciens (Nieupoort).
1422	Grammaire française (La Sagesse).
1423	id. id. id.
1424	Manuscrit (Soulice).
1425	Grammaire latine, supplément.

Nos	
1426	Locutions vicieuses (Dantec).
1427	Analyse logique (Martin).
1428	Thèmes et versions (Haugou).
1429	La petite Jeanne (Carraud).
1430	Grammaire latine (Dubuisson).
1431	Thèmes anglais (Eichoff).
1432-1433	Dessin géométrique (Tronquoy).
1434	Arithmétique (La Sagesse).
1435	Orthographe (F.-P.-B.)
1436	Métamorphoses (Ovide).
1437	Cours de lecture (Saint-Cyr).
1438	Les deux jumeaux.
1439	Histoire de France.
1440	Géométrie et dessin (F.-P.-B.)
1441	Thèmes latins (Lhomond).
1442	L'élève de marine (Léon Guérin).
1443	Petite arithmétique (Eysséric).
1444	Histoire sainte (Sainte-Union).
1445	Arithmétique (Cirodde).
1446	Histoire naturelle (Zeller).
1447	Histoire de France (Belèze).
1448	Géographie (Sainte-Union).
1449	Education des filles (Dupanloup).
1450	Présent d'une sœur à son frère (Bertin).
1451	Petits portraits de grands messieurs (Antimore).
1452	Petit trésor (Gachet).
1453	Rituel romain.
1454	Mœurs des Israelites (Fleury).
1455	
1456	Le maître d'études (Congnet).
1457	Tenue des livres (Hocquart).
1458	Ame devant la sainte Eucharistie (Pagani).
1459	Physique (Fabre).

N°	
1460	Vie de César de Bus (Chamoux).
1461	Physique (Ganot).
1462	Commentaires de César (Charpentier).
1463	Choix des Pères Grecs (Sommer).
1464-1468	Les moines d'Occident (Montalembert).
1469	Eloquence de la chaire (Marcel).
1470	Grammaire grecque (Leclair).
1471-1472	Conférences (Frayssinous).
1473	Arithmétique (Sylvestre).
1474	Littérature (Lebrun).
1475	Médecine des passions (Descuret).
1476	Grammaire Anglaise (Siret).
1477	La loi de la nature (Pey).
1478	Grammaire grecque (Congnet).
1479	Études historiques (Chateaubriand).
1480	Pères grecs (Saint Basile).
1481-1485	Morceaux choisis (Theil).
1486	Catéchisme historique (Fleury).
1487	Manuel du commerce [Anglais] (Spiers).
1488	Versifications latine (Quicherat).
1489	Grammaire française (Bouzeran).
1490	Discours choisis (Cicéron).
1491-1492	Exercices anglais (Fleming).
1493	Lectures anglaises (Montucci).
1494	Thèmes anglais id.
1495	Thèmes anglais (Churchile).
1496	Géométrie (Vernier).
1497-1498	Géographie (Pigeonneau).
1499	Traité des devoirs (Cicéron).
1500	Lettres choisies (Saint-Jérôme).

72. Lille, lib. L. Quarré. — imp. Six-Horemans. 24-3.

www.ingramcontent.com/pod-product-compliance
Lightning Source LLC
Chambersburg PA
CBHW060622050426
42451CB00012B/2383